ATELIER
A. WILLETTE

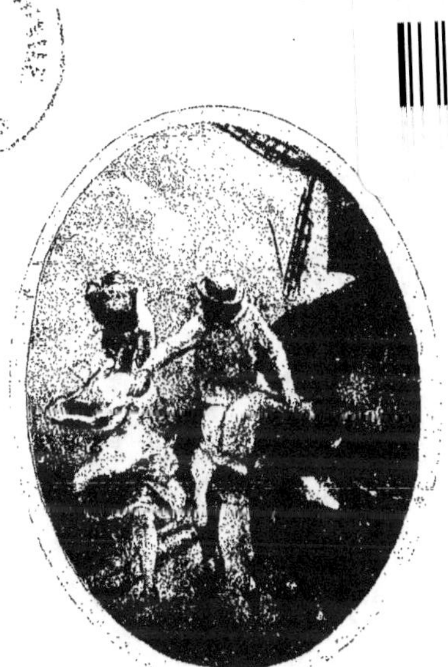

Vente à Paris : Hôtel Drouot, Salle n° 6

LE 16 MARS 1927

CONDITIONS DE LA VENTE

Elle aura lieu au comptant.

Les acquéreurs paieront 19,50 pour cent en sus des enchères.

CATALOGUE

DES

Tableaux - Aquarelles

&

DESSINS

provenant de l'atelier de feu

A. WILLETTE

(1857-1926)

dont la Vente aux enchères publiques, après décès,
aura lieu à Paris,

HOTEL DROUOT, SALLE N° 6

le Mercredi 16 Mars 1927, à deux heures très précises.

M⁰ **F. LAIR DUBREUIL** | M. **JOS. HESSEL**
Commissaire-Priseur | *Expert près la Cour d'Appel*
6, RUE FAVART, 6 - PARIS | 26, RUE LA BOETIE, 26 - PARIS

EXPOSITION PUBLIQUE le Mardi 15 Mars 1927, de 2 h. à 6 heures.

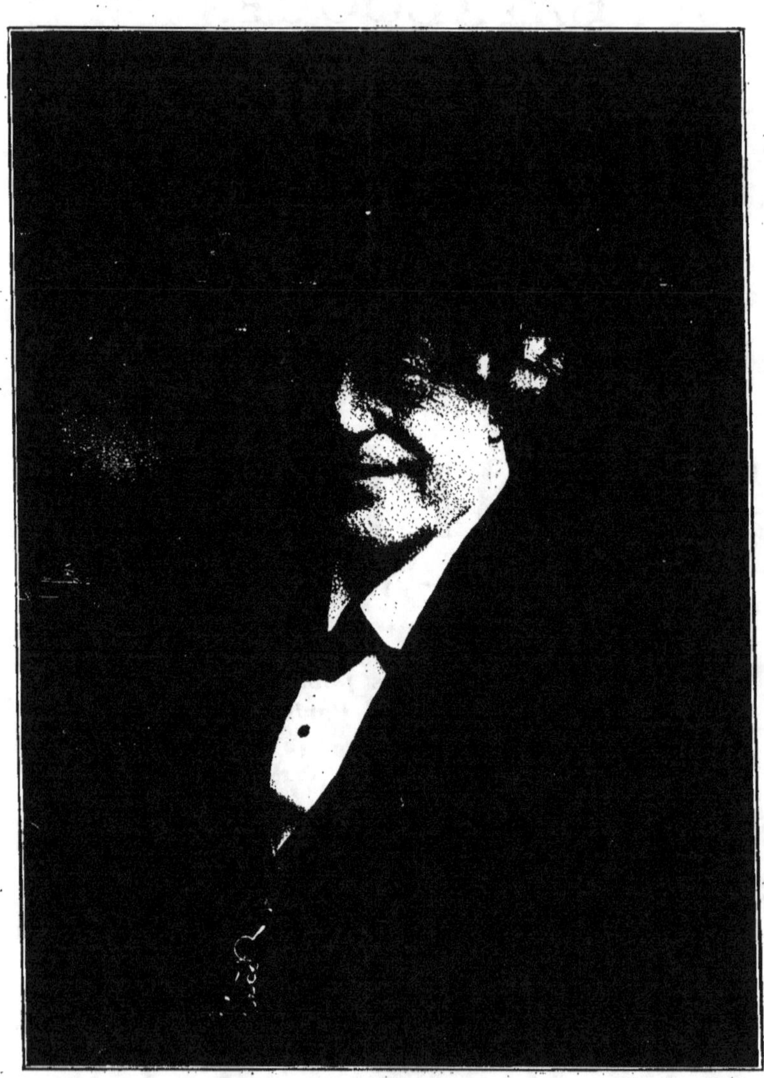

Photo Pierre Petit

Léon-Adolphe WILLETTE

On admirera ici une suprême réunion des œuvres laissées par Willette, l'artiste au grand cœur dont, il y a quelques mois, nous saluâmes pieusement la dépouille, mêlant nos regrets au respect douloureux du peuple de Montmartre, assemblé tout entier pour faire les plus touchantes funérailles à l'homme qui avait incarné son âme.

Durant quarante années, Willette effeuilla les fleurs exquises de sa grâce, de sa pitié, de son émotion, de sa fantaisie, en d'innombrables feuilles volantes, dont beaucoup sont des chefs-d'œuvre. Il fut un des sourires du génie de Paris. Il fut un poète lyrique, le Théodore de Banville du dessin. Tendre, enthousiaste, infatigable, les années n'eurent point de prise sur son éternelle jeunesse. Il s'en alla ayant rempli son charmant et noble destin. Il méprisa l'argent et l'arrivisme. Il confirma la hautaine parole : « On n'est vraiment riche que de ce qu'on a donné ».

Que l'inventeur de tant de légères merveilles soit devenu un grand décorateur, un fresquiste de style ample et puissant, c'est toujours la suggestion gracieuse ou prenante du vieux Montmartre qui l'a conseillé. En Willette nous voyons ce qui restera de ce pays d'art, singulier et aussi célèbre que mal connu, où se formèrent tant de maîtres et auquel nous devons l'affiche et l'illustration modernes, le lied français, et tant de toiles et de poèmes. Honorons et admirons le milieu et l'homme, ils ne sauraient être séparés et se présenteront ensemble au jugement de l'avenir. Le nôtre peut déjà mesurer tout ce que Willette a donné à son époque. Dessinateur social, son ardent patriotisme s'est souvent élevé à l'éloquence, et devant tous les événements il était guidé par l'instinct et le sens français. Satirique, ce joyeux ennemi de la fausse décence refusa toujours l'érotisme et le libertinage. Rêveur, ce gavroche grandit parfois jusqu'à devenir Ariel. Déguisé en Pierrot, il fut le petit-fils du Gilles de Watteau. Il célébra les « petites alliées » des artistes, celles qui n'étaient point vénales et savaient aimer, charmer, se dévouer, préférer le talent pauvre à l'opulente sottise, et mourir un soir sans bruit, comme des moineaux cachés. Une bonté admirable sort de ces légendes, de ces dessins, de ces claires esquisses où Willette, ingénument, s'est raconté. Son nom fut trop aimé pour être oublié. Il restera inséparable d'un certain type de féminité parisienne au rire parfois mouillé de larmes, comme une fleur d'avril.

CAMILLE MAUCLAIR.

NOMENCLATURE

1. — *Faudrait pas croire mon petit parce que tu me vois dans la glace
que je suis frigorifiée.*
> *Dessin à la plume.* — Haut., 27 cent.; Larg., 20 cent.
> Signé à gauche avec dédicace à Raoul Ponchon.

2. L'ANGÉLUS DE 1916.
> — *O femme de France pour vous saluer je me joins à Millet.*
> *Dessin à la plume.* — Haut., 43 cent.; Larg., 53 cent.
> Signé à droite et daté : Bois Roger 1916.

3. *Mistinguett est pour le nu immobile, ainsi qu'en jugeront les grands
hommes de la Révolution. Le nu immobile n'est pas indécent.*
> *Dessin rehaussé de crayon de couleur.* — Haut., 26 cent.; Larg., 19 cent.
> Signé en bas.

4. L'OBSESSION DE LA MARSEILLAISE.
> LE DIABLE. — *Que dis-tu de ma bouillabaise.*
> LE KAISER, EN GOUTANT. — *Manque un Teur.*
> *Dessin à la plume.* — Haut., 26 cent.; Larg., 26 cent.
> Signé à droite.

5. *Du haut du Paradis nos ancêtres rigolent.*
> *Dessin à la plume.* — Haut., 26 cent.; Larg., 22 cent.
> Signé à gauche.

6. — *Et il y a longtemps que vous n'avez vu votre petit frère?*
— *Il y a belle lurette que je l'ai perdu de vue, mais « ma femme le
voit de temps à autre ».*
> *Dessin à la plume et crayon couleur.* — Haut., 25 cent.; Larg., 21 cent.
> Signé au milieu.

7. NU D'ETÉ. — *En ces temps sombres... Seuls, les bras de femmes
ont le sourire.*
> *Dessin à la plume et au lavis.* — Haut., 26 cent.; Larg., 22 cent.
> Signé à droite.

8. — *Surtout, Jean, prenez garde à cette peinture... Je l'ai payée quatre cent mille francs....*
— Que Monsieur le Comte n'ait crainte; j'ai vu faire ce tableau ...il est de feu mon père.

Dessin à la plume et crayon couleur. — Haut., 24 cent.; Larg., 20 cent.
Signé à droite.

9. *Etude de nu et têtes.*

Dessin au crayon de couleur. — Haut., 28 cent.; Larg., 19 cent.
Non signé.

10. L'Invasion. — *D'abord du champagne! et sans grimaces!... C'est connu que tous les Français en boivent!*

Dessin à la plume et crayon couleur. — Haut., 20 cent.; Larg., 21 cent.
Signé au milieu et daté 1915.

11. Quand ils reviendront ...se promener.

Her Professor. — *Ce sont sans doute deux orphelins de la guerre qui se sont égarés... Si nous les adoptions ces pauvres petits.*

Dessin à la plume et crayon couleur. — Haut., 23 cent.; Larg., 19 cent.
Signé à droite.

12. Projet de Timbre refusé au Concours du Timbre.
— Ah, si qu'on aurait su qu'il était sucré!

Dessin au crayon bleu. — Haut., 25 cent.; Larg., 19 cent.
Non signé.

13. Mauvaise graine, bon engrais.
— Ah, puisque vous vous êtes terrés, restez-y enterrés.

Dessin au crayon de couleur. — Haut., 25 cent.; Larg., 19 cent.
Signé à droite.

14. " Debout les Morts ". A la mémoire de Raffet.
— Quant à nous, les morts, nous ne pourrons reposer en paix qu'après avoir été vengés!

Dessin à la plume et au lavis. — Haut., 31 cent.; Larg., 43 cent.
Signé à droite.

15. *— Ma doué, Jean-François, qué saloperie de pesson as-tu pêché-là!*

Dessin au crayon. — Haut., 25 cent.; Larg., 18 cent.
Signé à droite.

16. *L'Avarice.*

Dessin au crayon bleu. — Haut., 35 cent.; Larg., 32 cent.
Signé en bas, à gauche.

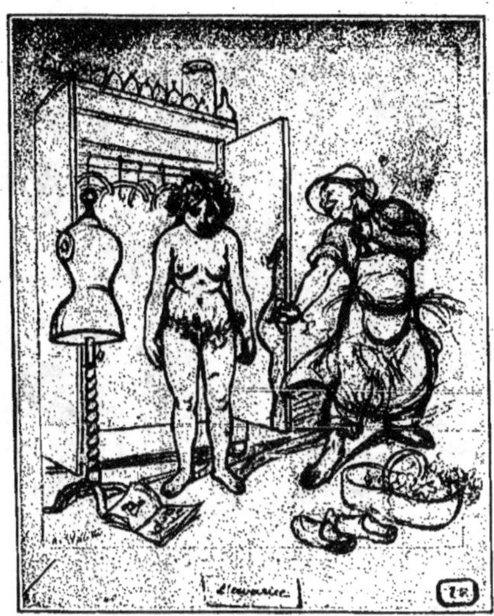

N° 16. — *L'avarice.*

17.   *La France n'a rien à craindre qu'elle même!*

> *Dessin à la plume.* — Haut., 16 cent.; Larg., 13 cent.
> Signé à droite et daté 1916.

18.   — *Il ne r'viendra z'à Pâques... ni z'à la Trinité.*
   — *Alleluia! C'est le sang des anciens qui fera éclore la victoire!*

> *Dessin à la plume.* — Haut., 28 cent.; Larg., 21 cent.
> Signé à droite et daté 1915.

19.   EN VILLÉGIATURE.

   MADAME. — *Encore ici!... mais je me mourrais... d'inquiétude!*
   MONSIEUR. — *La Paix! Je lis le Procès.* (Procès Caillaux.)

> *Dessin à la plume.* — Haut., 30 cent.; Larg., 20 cent.
> Signé à droite.

20.   *Nu.*

> *Dessin à la sanguine.* — Haut., 33 cent.; Larg., 24 cent.
> Non signé.

21.   *La mille et troisième nuit.*

> *Dessin à la plume et crayon couleur.* — Haut., 37 cent.; Larg., 50 cent.
> Signé à gauche et daté 1913.

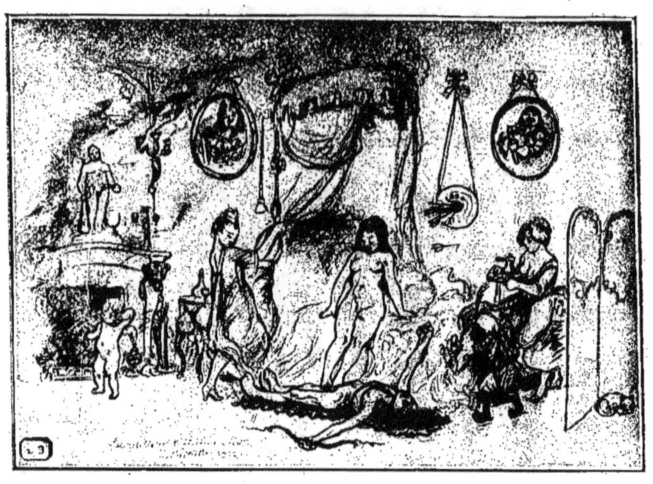

N° 21. — La mille et troisième nuit.

22. LE CHEVALIER PRINTEMPS.

    — *O prima ocra gioventa del anno.*
    — *O prima ocra giovente della vita!*

Dessin au crayon bleu. — H., 45 c.; L., 50 c. — Ovale. Signé à gauche.

23. BIEN AVANT LA GUERRE ?

    — *Non bandits, vous ne braverez pas la colère de cet océan!*

Dessin à la plume. — H., 38 c.; L., 27 c. — Signé au milieu.

24. LE PROGRÈS.

    1854. — *Hier... y avait la cheminée... c'était commode.*
    1914. — *Aujourd'hui, avec le chauffage central... rien à frire... au diable le progrès!*

Dessin à la plume. — H., 32; L., 49 c. — Signé à droite, daté 1914.

25. SALON NATIONALE 1910. — SCULPTURE.

    CHŒUR DES FEMMES. — *Ah, un homme complet!... c'est le rêve! Bravo Bourdelle.*
    CHŒUR DES HOMMES. — *Ah, une femme sans tête, c'est le rêve! Bravo Rodin.*
    LE SÉNATEUR BÉRANGER. — *Ah, les hommes comme les grenouilles... Quel rêve!*

Dessin à la plume et crayon couleur. — Haut., 18 cent.; Larg., 25 cent.
Signé à gauche.

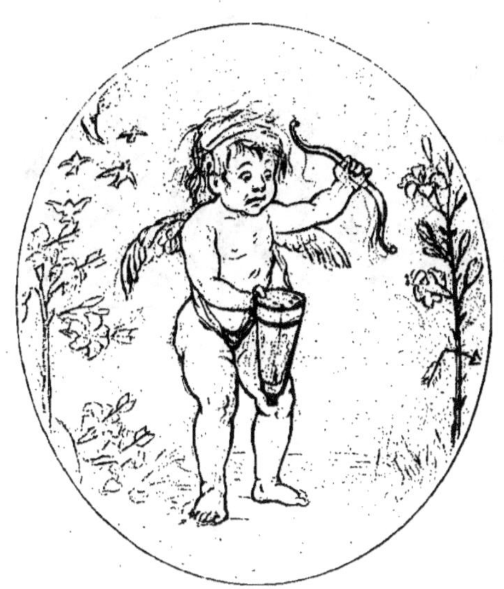

26. *Le Carquois est vide.*

> *Dessin au crayon.* — Haut., 49 cent.; Larg., 40 cent.
> *Ovale.* — Signé à droite du monogramme.

27. *Le supplice de Tantale.*

> *Dessin à la plume et crayon couleur.* — Haut., 21 cent.; Larg., 20 cent.
> Signé à droite.

28. *La République française remercie les prisonniers libérés de n'avoir pas désespéré de la patrie!*

> *Dessin à la plume.* — Haut., 28 cent.; Larg., 23 cent.
> Signé à droite et daté 1919.

29. QUE LE DIABLE L'ÉTRANGLE.

> *— Imbécile, tu vas savoir combien souffrent les damnés!...*
>
> *Dessin à la plume.* — Haut., 28 cent.; Larg., 21 cent.
> Signé à gauche et daté 1917.

30. *Le gigot rôti à l'ail et aux haricots blancs.*

> *Dessin à la plume.* — Haut., 27 cent.; Larg., 20 cent.
> Signé à droite.

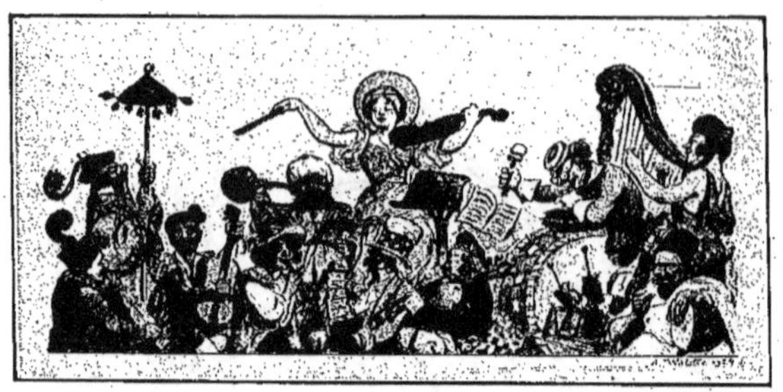

N° 38. — *Le Concert européen.*

31.   — *Non, non!... je ne dois pas mourir de ça!...*

Aquarelle. — Haut., 26 cent.; Larg., 20 cent.
Signée à gauche et datée 1913.

32.   1793. — *Le bain de la cantinière.*

Dessin à la plume et crayon couleur. — Haut., 23 cent.; Larg., 16 cent.
Signé à droite.

33.   *Nu.*

Dessin au crayon bleu. — Haut., 22 cent.; Larg., 17 cent.
Non signé.

34.   *Carnaval.*

Dessin au crayon bleu. — Haut., 23 cent.; Larg., 20 cent.
Non signé.

35.   JADIS PLACE PIGALLE.

— *Inutile d'insister, ô miss Jane Burr; le port de la culotte
était déjà tenté, de mon jeune temps, et je ne sache pas
que l'ordonnance du père Lépine, qui l'interdit, ait été
abrogée.*

Dessin à la plume. — Haut., 23 cent.; Larg., 31 cent.
Signé à gauche.

36.   MARIANNE INDIGNÉE.

— *Lui... La République!... allons donc, je n'ai pas une tête
de veau.*

Dessin à la plume. — Haut., 23 cent.; Larg., 18 cent.
Signé à droite.

37.   VÉNUS EN CHASSE.

Projet d'une statue à élever sur la butte sacrée.

Dessin à la plume et aquarelle. — Haut., 31 cent.; Larg., 23 cent.
Signé à droite.

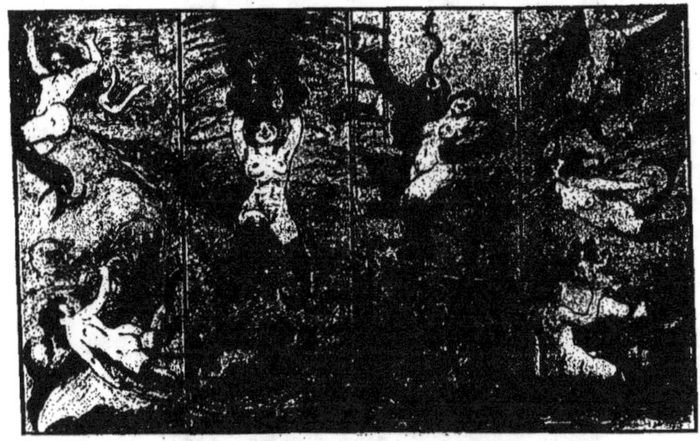

N° 39. — *Un aquarium* (projet d'un carton de vitrail).

38. *Le Concert européen.*

Aquarelle. — Haut., 28 cent.; Larg., 45 cent.
Signée à droite et datée 1924.

39. UN AQUARIUM. *Projet d'un carton de vitrail (Modern style).*

Aquarelle. — Haut., 39 cent.; Larg., 53 cent.
Signée à droite et datée 1921.

40. LE TOUPET DU BOCHE.
— *Il reviendra z'à Pâques ou z'à la Trinité!...*

Dessin à la plume. — Haut., 32 cent.; Larg., 46 cent.
Signé à droite et daté 1917.

41. *L'Abîme.*

Dessin sur papier Gillot. — Haut., 43 cent.; Larg., 25 cent.
Signé à gauche et daté 1914.

42. *Le Vertige.*

Dessin au crayon bleu. — Haut., 45 cent.; Larg., 35 cent.
Signé à droite et daté 1905.

43. BIRIBI, TOUJOURS BIRIBI (dessin inédit).
— *Paraît que j'ai manqué à la discipline révolutionnaire.*

Dessin à la plume. — Haut., 32 cent.; Larg., 45 cent.
Signé au milieu.

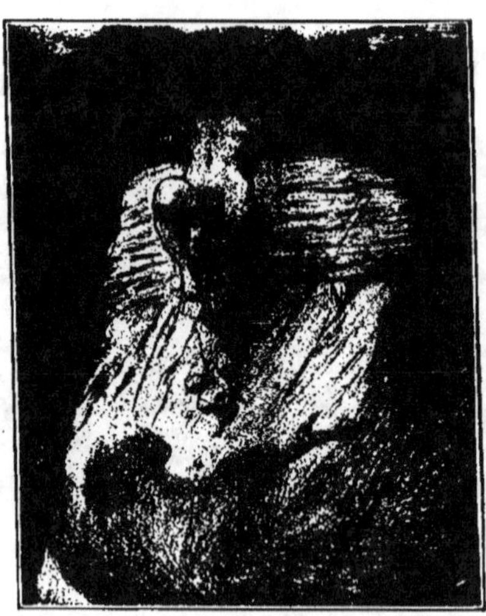

Nº 42. — *Le Vertige*

44. STA VIATOR.

> — *C'est avec cette palette que Pierrot A. Willette a fait tout ce que tu peux voir ici.*

> *Pastel.* — Haut., 45 cent.; Larg., 59 cent.
> Signé à droite.

45. AU TEMPLE DE BACCHUS.

> BACCHUS. — *Bordeaux!... Bourgogne!... Anjou!... ce sont mes enfants préférés! eux seuls sont profitables à tes arts, ô mon frère Apollon, à ton courage, ô Mars, mon frère redouté, à ton ardeur aussi, ô Cupidon, mon p'tit frère bien-aimé et même à ta beauté qu'ils rendent plus attrayante, ô trop rébarbative Minerve.*

> *Aquarelle.* — Haut., 38 cent.; Larg., 26 cent.
> Signée à gauche et datée 1920.

46. *La Musique.*

> *Dessin à la gouache.* — Haut., 60 cent.; Larg., 99 cent.
> *Semi-circulaire.* — Signé à droite et daté 1914.

47. *Terteif!... Ce n'est mon vieux Bon Dieu!*

> *Dessin au fusain et crayon couleur.* — Haut., 59 cent.; Larg., 45 cent.
> Signé à gauche et daté 1915.

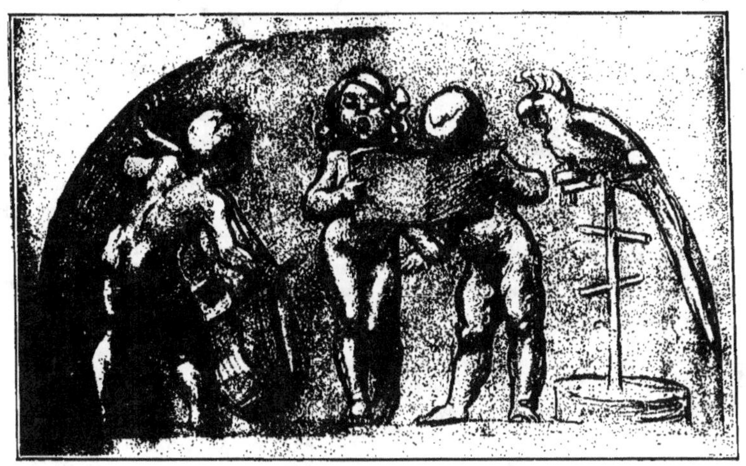

N° 46. — *La Musique.*

48. La faillite de la Science.

GALLIA. — *Non, mes enfants ne seront pas tes esclaves et, par cette fronde où j'ai placé mon cœur, je t'abattrai, ô hideuse machine, honte du genre humain!*

Dessin au crayon de couleur. — Haut., 31 cent.; Larg., 46 cent. Signé à droite.

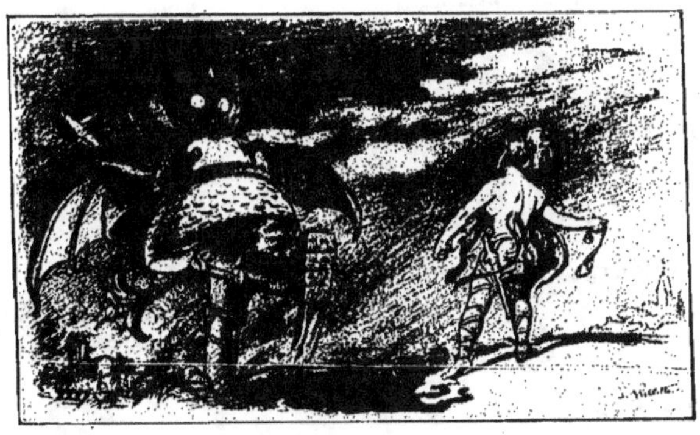

N° 48. — *La faillite de la Science.*

49. *Depuis sa création, l'homme marche debout et pourtant le sport le plus beau et le plus difficile est celui de marcher, droit, dans la vie.*

> *Dessin au fusain. — Haut., 64 cent.; Larg., 48 cent.*
> *Signé à droite.*

50. *Tout le monde mange, excepté le poète.*

> *Peinture sur bois. — Haut., 59 cent.; Larg., 45 cent.*
> *Signée à droite.*

51. *La bêtise au front de taureau est vaincue par la France.*

> *Dessin au crayon. — Haut., 60 cent.; Larg., 47 cent.*
> *Signé à droite et daté 1915.*

52. *L'Indépendance du monde (étude pour la proue d'un navire).*

> *Aquarelle et crayon de couleur. — Haut., 64 cent.; Larg., 49 cent.*

53. *— O France, je file pour ton rétablissement, comme jadis ma sœur bretonne filait pour la rançon de Duguesclin.*

> *Aquarelle et crayon de couleur. — Haut., 65 cent.; Larg., 49 cent.*
> *Signée à gauche et datée 1919.*

54. *La visite matinale.*

> *Dessin à la sanguine et gouache. — Haut., 49 cent.; Larg., 74 cent.*
> *Signé à gauche.*

55. *Septembriseur.*

> *Toile. — Haut., 89 cent.; Larg., 39 cent.*
> *Signée à droite et datée 1924.*

56. *Les petits marmitons.*

> *Dessin au crayon de couleur. — Haut., 47 cent.; Larg., 1 m. 31.*
> *Signé à droite.*

57. *Portrait du Colonel Willette.*

> *Toile. — Haut., 2 m. 17; Larg., 1 m. 30.*
> *Signée à droite.*

58. *La Vierge verte (carton pour un vitrail du Cabaret du « Chat Noir »).*

> *Toile. — Haut., 1 m. 97; Larg., 56 cent.*
> *Signée au dos, sur le châssis.*

59. *La Seine.*

> *Toile. — Haut., 1 m. 80; Larg., 1 m. 11.*
> *Non signée.*

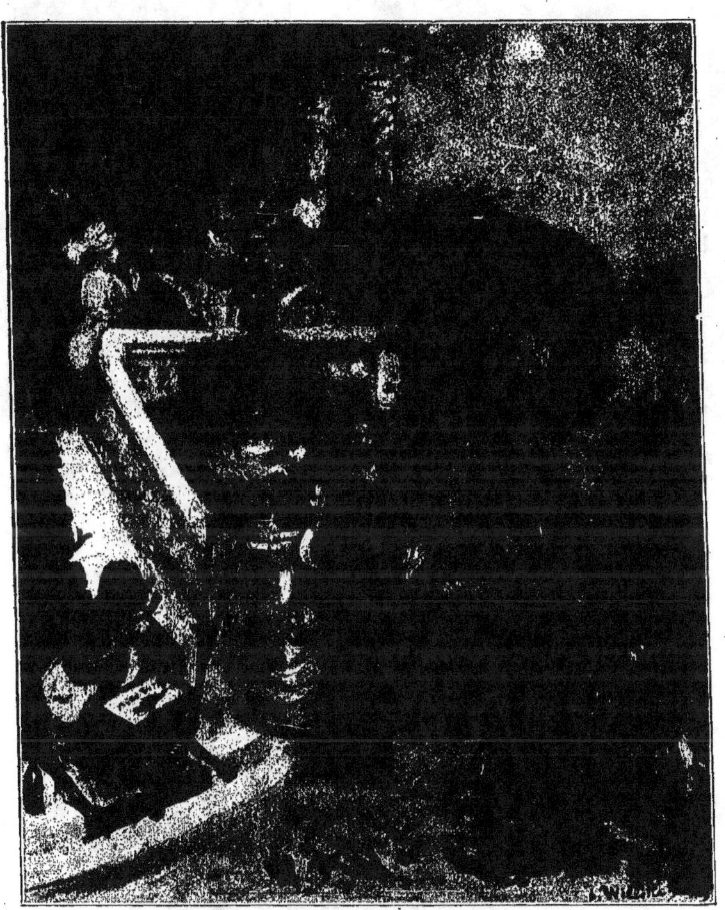

N° 50. — *Tout le monde mange, excepté le poète.*

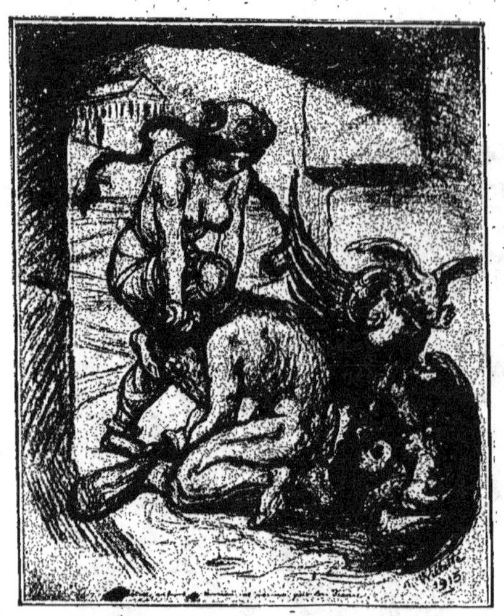

Nº 51. — *La bêtise au front de taureau est vaincue par la France.*

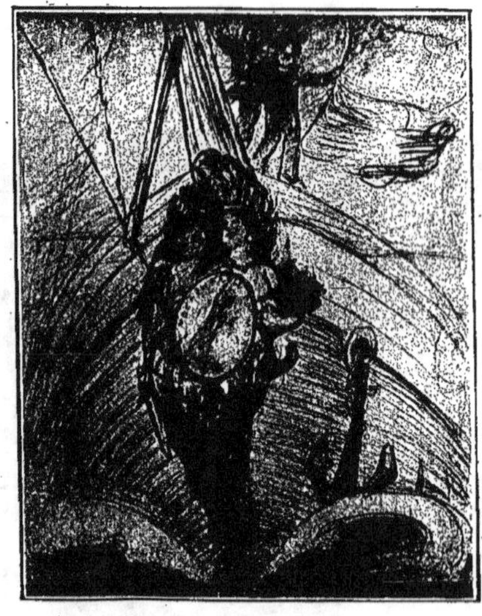

Nº 52. — *L'Indépendance du Monde.*

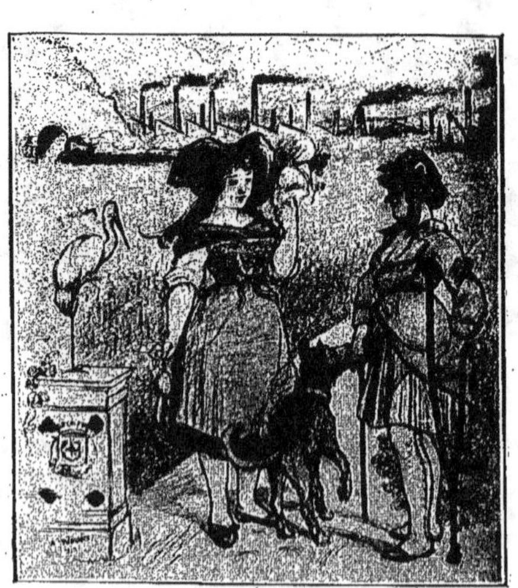

Nº 53. — *Comme pour la rançon de Duguesclin.*

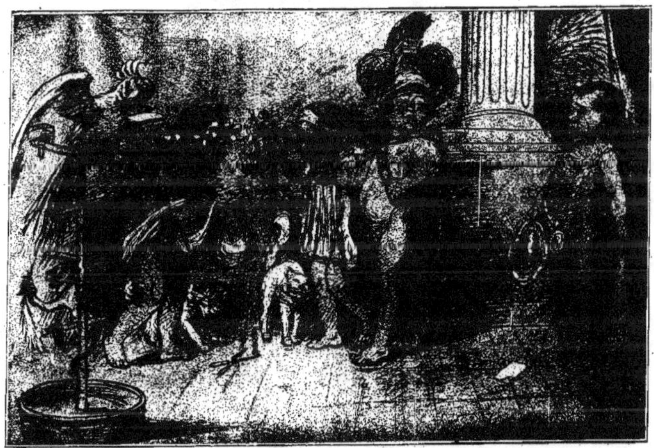

N° 54. — *La visite matinale.*

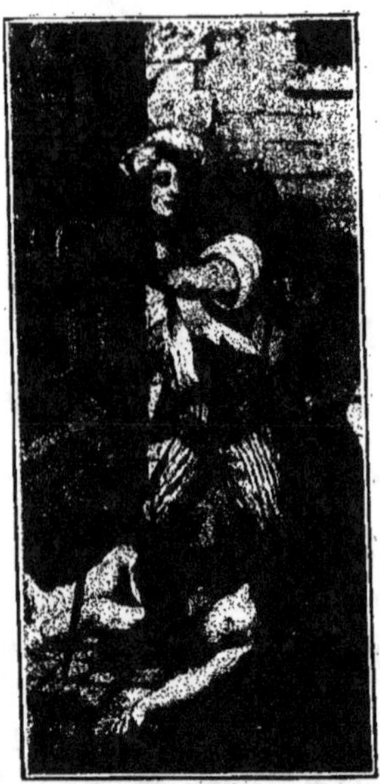

Nº 55. — *Septembriseur.*

60. *La Fédérée.*

Toile. — Haut., 98 cent.; Larg., 72 cent.
Signée à gauche.

61. *Amour et folie.*

Dessin au crayon de couleur. — Haut., 29 cent.; Larg., 24 cent.
Signé à droite.

62. LA JOIE DE JEANNE.

— Jeanne, restez avec nous pour goûter de ce beau poisson!!
— Non, gardez-le pour tantôt... j'aimerai quelque Godam pour
le déguster avec nous!   (Jeanne d'Arc à Orléans.)

Dessin à la plume et au crayon. — Haut., 14 cent.; Larg., 18 cent.
Signé à droite et daté : Bois Roger 1916.

63. *— Tu ne seras donc jamais comme tout le monde!*

Dessin au crayon de couleur. — Haut., 20 cent.; Larg., 29 cent.
Non signé.

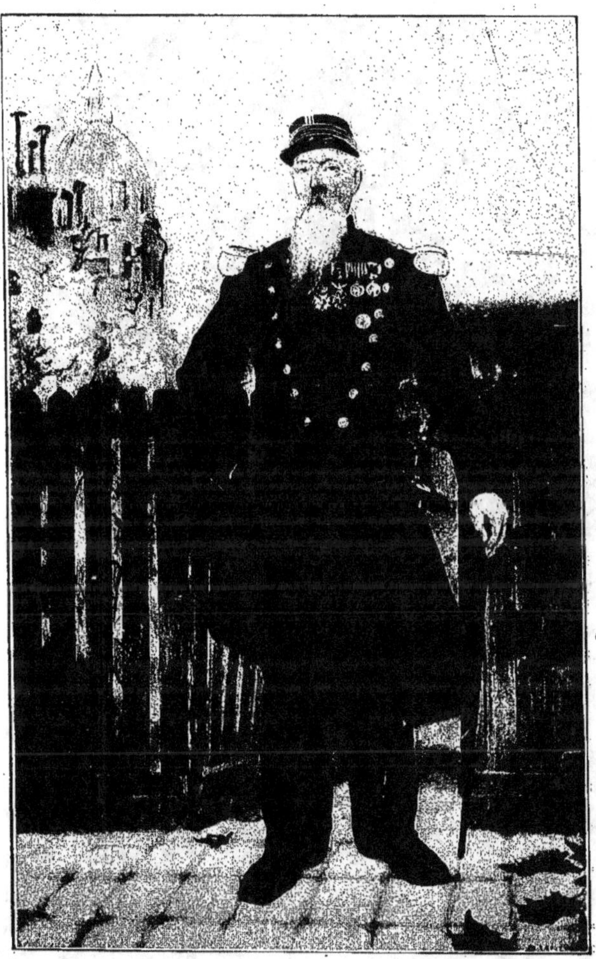

N° 57. — *Portrait du Colonel Willette.*

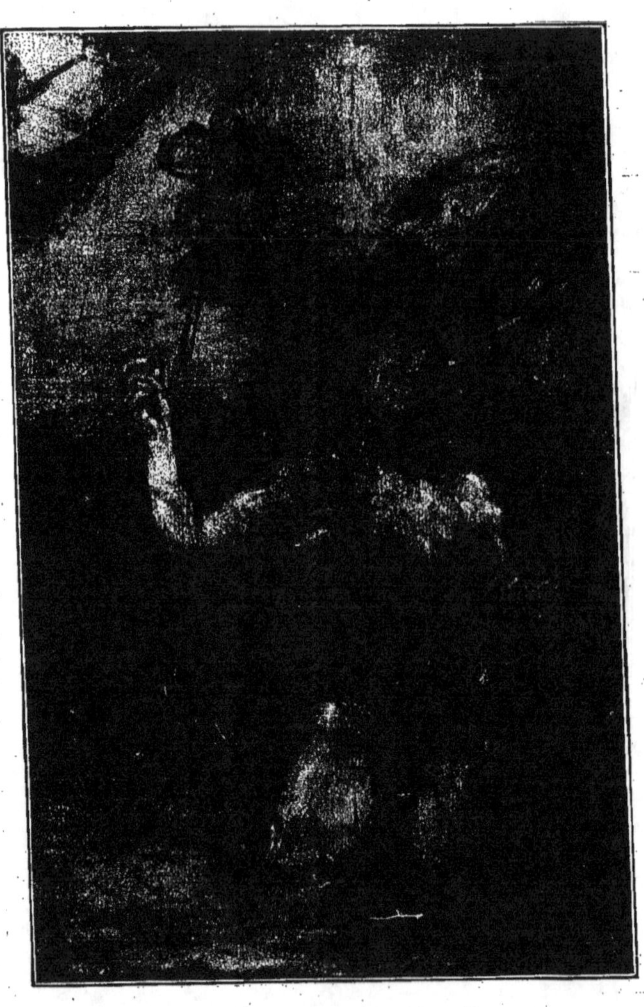

N° 59. — *La Seine.*

Nº 60. — *La Fédérée.*

64. *La soupe aux choux se fait dans la marmite, dans la marmite se fait la soupe aux choux.*

Savez-vous planter les choux, à la mode, à la mode, à la mode de cheu nous.

Dessin à la plume et au crayon. — Haut., 27 cent.; Larg., 21 cent.
Signé à droite.

65. PANIQUE DANS LA CAVE. — *Une souris.*

Dessin à la plume et au lavis. — Haut., 21 cent.; Larg., 16 cent.
Signé à droite et daté 1918.

66. *La Mort et l'Auto.*

Dessin à la plume et au lavis. — Haut., 14 cent.; Larg., 22 cent.
Signé à droite.

67. A QUOI BON ?...

— Oui, à quoi bon discuter les responsabilités de la guerre?... il n'y a qu'à voir l'arrière de la France!

Dessin à la plume. — Haut., 29 cent.; Larg., 21 cent.
Signé au milieu.

68. STUDIEUX.

— Saint Puxit!... mon fils avec mon modèle!...
— Ben, quoi donc, Papa, ce n'est pas la femme, c'est le volume que je parcoure...

Dessin à la plume et aquarelle. — Haut., 28 cent.; Larg., 21 cent.
Signé à droite.

69. LES BRAS NUS.

L'HINDOU. — *On m'avait pourtant assuré qu'en France il n'y avait pas de serpents comme aux Indes!*

Dessin à la plume et aquarelle. — Haut., 27 cent.; Larg., 19 cent.
Signé à gauche.

70. *L'Amour et le Cornet.*

Dessin au crayon. — Haut., 20 cent.; Larg., 15 cent.
Signé à droite.

71. LES ANCÊTRES SONT TOUJOURS MODERNES. — *La Fosse Commune.*

Dessin à la plume. — Haut., 28 cent.; Larg., 21 cent.
Signé à droite.

72. *La France n'a à craindre qu'elle-même.*

Dessin au crayon bleu. — Haut., 17 cent.; Larg., 14 cent.
Signé du monogramme, à droite.

73. *La Reine du Portugal sauvant deux pêcheurs.*

Dessin au crayon bleu. — Haut., 28 cent.; Larg., 24 cent.
Signé à gauche.

74. *— Tu portes ton pauvre cleb au cimetière d'Asnières, eh bien moi, on n'enterrera avec mon chat.*

Dessin au crayon bleu. — Haut., 30 cent.; Larg., 19 cent.
Signé du monogramme, à droite.

75. *Il est défendu de s'asseoir... mais pas sur les genoux du patron.*

Dessin au crayon bleu. — Haut., 27 cent.; Larg., 21 cent.
Non signé.

76. *Projet de plafond.*

Dessin à la plume et aquarelle. — Haut., 31 cent.; Larg., 21 cent.
Signé à droite.

77. A LA BAIONNETTE. — *L'Espionnage.*

Dessin au crayon bleu. — Haut., 30 cent.; Larg., 22 cent.
Signé à droite et daté 1915.

78. *— Ah, ah! c'est un poltron!*
— Et n'y reviens plus, Tarteif!

Deux dessins au crayon bleu. — Haut., 20 cent.; Larg., 16 cent.
Haut., 26 cent.; Larg., 25 cent.
Signés et datés 1916.

79. SUPERSTITION. — *O mon Dieu, délivre-moi de mon misérable corps.*
PROGRÈS. — *Pour une auto, pour une chemise de soie, je vendrais ma patrie!...*

Dessin à la plume. — Haut., 29 cent.; Larg., 21 cent.
Signé à gauche et daté 1917.

80. *La France, nourrice des peuples.*

Dessin au crayon bleu. — Haut., 26 cent.; Larg., 16 cent.
Signé à droite du monogramme.

81. *— Les Intermédiaires, voilà l'ennemi!*

Dessin au crayon bleu. — Haut., 20 cent.; Larg., 34 cent.
Non signé.

82. DE MON TEMPS.

— De mon temps, la gosse, le corset s'appelait gentiment « la boîte à lait ».

Dessin à la plume et aquarelle. — Haut., 26 cent.; Larg., 21 cent.
Signé à gauche.

83. Les Martyrs de l'arrière.

> *...Il y en a... beaucoup!... et « pour les soldats socialistes combattant aux côtés des autres soldats de France », ils prient à la Noël.*

Dessin à la plume et au lavis. — Haut., 30 cent.; Larg., 21 cent.
Signé à droite.

84. *Maxim's.*

Dessin au crayon bleu. — Haut., 33 cent.; Larg., 26 cent.
Signé à droite.

85. *Le cœur de Pierrot est le régal des Colombines (projet de décor pour un plat).*

Dessin à la plume et crayon couleur. — Haut., 34 cent.; Larg., 27 cent.
Signé au milieu et daté 1921.

86. *Sur la Place de la Concorde.*

Dessin au crayon bleu. — Haut., 30 cent.; Larg., 40 cent.
Non signé.

87. *Projet de monument à élever à la ville de Verdun sur la plate-forme de l'Arc de Triomphe.*

Dessin à la plume et aquarelle. — Haut., 31 cent.; Larg., 44 cent.
Signé à droite et daté : Septembre 1916.

88. *— Il reviendra z'à Pâques ou... à la Trinité....*

Dessin au crayon bleu. — Haut., 31 cent.; Larg., 40 cent.
Non signé.

89. Au nom de l'Académie, a Emile Zola.

> *— Rien ne manque à sa gloire... il manque à la nôtre!*

Dessin à la plume. — Haut., 36 cent.; Larg., 25 cent.
Signé au milieu.

90. *— Ah, pouah! qui donc a remplacé la divine Italie par cette sale botte d'égouttier qui, infectant la Méditerranée fait crever les Tritons et les Sirènes.*

Dessin à la plume et crayon bleu. — Haut., 30 cent.; Larg., 42 cent.
Signé à droite.

91. La Mode.

> *— Et pourquoi serions-nous laides quand nos coqs sont si beaux.*

Dessin à la plume. — Haut., 19 cent.; Larg., 15 cent.
Signé à droite.

92.   *La Fête de la République de Montmartre célébrée le 17 Brumaire au Moulin Rouge.*

> *Dessin à la plume.* — Haut., 30 cent.; Larg., 45 cent.
> Signé à gauche sur les marches de l'escalier.

93.   A MOI LE TEUR, A PIERRE LOTI.

> — *C't'idée de m'déranger! ...mais, mon maître, toi y savoir mieux travailler que moi.*

> *Dessin à la plume.* — Haut., 27 cent.; Larg., 19 cent.
> Signé à droite.

94.   *Polin et la petite marmite.*

> *Dessin au crayon bleu.* — Haut., 55 cent.; Larg., 40 cent.
> Non signé.

95.   — *Tu divorces parce que je porte culotte... tiens v'là des robes pour te consoler!*

> *Dessin au crayon bleu.* — Haut., 25 cent.; Larg., 23 cent.
> Signé à gauche.

96.   RAYÉS DE L'HUMANITÉ.

> — *C'est des Boches!... ça a été des hommes au XVe siècle.*

> *Dessin au crayon bleu.* Haut., 28 cent.; Larg., 21 cent.
> Signé à droite.

97.   *A tout Seigneur, tout honneur.*

> *Dessin au crayon de couleur.* — Signé à droite.

Au verso : LES EMMERDEURS.

> — *Rassurez-vous, la p'tite mère, les vrais emmerdeurs pour de bon ne sont pas à la première page.*

> *Dessin au crayon de couleur.* — Haut., 32 cent.; Larg., 25 cent.
> Signé à droite.

98.   MELANCOLIA.

> — *Et puis, tu as oublié, ô pieuse Allemagne, que l'arbre de la Science est aussi celui du mal!*

> *Dessin à la plume.* — Haut., 26 cent.; Larg., 20 cent.
> Signé à gauche.

99.   L'EGAL VANDALISME.

> SAINT MICHEL. — *Il y a trente-six ans que les Français utilitaires m'ont enterré!...*

> REIMS. — *Et moi, ce sont les Boches, qui, plus rapides, m'ont incinérée.*

> *Dessin à la plume.* — Haut., 30 cent.; Larg., 49 cent.
> Signé au milieu et daté 1915.

100. PROJET DE COUVERTURE POUR LE NUMÉRO DE NOEL DU
« MONDE ILLUSTRÉ ».

Noël, Noël, Paix aux hommes de bonne volonté.

Dessin au crayon bleu. — Haut., 44 cent.; Larg., 33 cent.
Signé à droite et daté 1908.

101. — *Toi, un jeune Turc!... un vieux truc, oui!...*

Dessin au crayon bleu. — Haut., 26 cent.; Larg., 20 cent.
Non signé.

102. *T'as raison... C'est plus beau qu'en cabinet particulier.*

Dessin à la plume et crayon couleur. — Haut., 21 cent.; Larg., 18 cent.
Signé à droite.

103. MONSIEUR DÉCA EST PROFITEUR.

— *Ma viande est chère, Médème, mais ce n'est pas de la
chair à canon!*

Dessin à la plume. — Haut., 18 cent.; Larg., 13 cent.
Signé à droite et daté 1915.

104. LA VRAIE MODE ALLEMANDE.

— *Ach!... cher Isitore, cher Hermann, que fous êtes bien
ainsi.*

Dessin à la plume. — Haut., 20 cent.; Larg., 15 cent.
Signé à gauche et daté 1915.

105. CE N'EST PAS NOUVEAU.

— *Des gaz asphyxiants! à ç't'heure!... oh la la!... voici plus
plus de quarante ans qu'ils nous en ont empestés avec leur
« Made in Germany ».*

Dessin à la plume. — Haut., 26 cent.; Larg., 20 cent.
Signé à gauche.

106. LES CEUSSES QU'ONT DES CHIENS.

— *C'est votre tête qui ne lui revient pas.*

Dessin à la plume. — Haut., 30 cent.; Larg., 20 cent.
Signé à droite.

107. PRINTEMPS.

— *Possible que j'sôye hors la loi, mais touâ, t'es sûrement
hors la nature.*

Dessin à la plume. — Haut., 24 cent.; Larg., 28 cent.
Signé à droite.

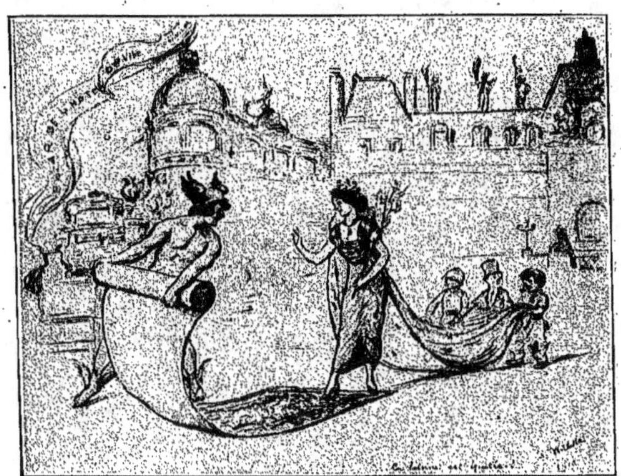

N° 113. — *La voisine est épatée.*

108. *Projet d'affiche pour les Pupilles de la Nation.*

Dessin à la plume, aquarelle et crayon de couleur.
Haut., 48 cent.; Larg., 32 cent.
Signé à droite.

109. VIIe PÉCHÉ. — *La Luxure.*

Dessin au crayon bleu. — **Haut., 35 cent.; Larg., 31 cent.**
Signé au milieu.

110. *Le Catasta ou le Couché de la mariée.*

Dessin au fusain et au crayon de couleur. — **Non signé.**

Au verso : *In vino veritas.*

Dessin au fusain et à la plume. — **Haut., 40 cent.; Larg., 67 cent.**

111. *A l'Indépendance du Monde.*

Dessin à la plume, aquarelle et crayon de couleur.
Haut., 43 cent.; Larg., 54 cent.
Signé à droite et daté 1917.

112. *Boit l'obstacle (projet d'affiche).*

Dessin à la plume et crayon couleur. — **Haut., 46 cent.; Larg., 36 cent.**
Signé et daté 1906.

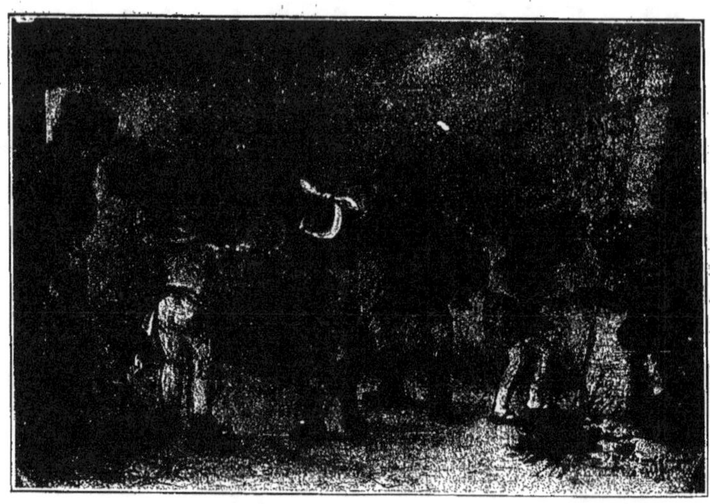

N° 114. — *Le mal d'amour.*

113.   **PROJET D'AFFICHE POUR LE B.-H.-V.** — *La Voisine est épatée.*

> *Dessin à la plume et aquarelle.* — Haut., 39 cent.; Larg., 50 cent.
> Signé à droite et daté 1913.

114.   *Le mal d'amour.*

> *Dessin au fusain et crayon couleur.* — Haut., 53 cent.; Larg., 75 cent.
> Signé à droite et daté 1924.

115.   *Rêverie à bord.*

> *Toile.* — Haut., 54 cent.; Larg., 40 cent.
> Signée à droite.

116.   **DANS LA JUNGLE.** — *Combat de fauves.*

> *Toile.* — Haut., 59 cent.; Larg., 80 cent.
> Signée à droite.

117.   **PROJET DE DÉCORATION.**
> *Les 3 Places : Clichy, Blanche et Pigalle.*

> *Dessin à la plume et au lavis.* — Haut., 46 cent.; Larg., 1 m. 74.
> Signé à droite.

118.   *Projet d'affiche pour exposition de jouets.*

> *Dessin au fusain et crayon couleur.* — Haut., 70 cent.; Larg., 97 cent.
> Signé à droite.

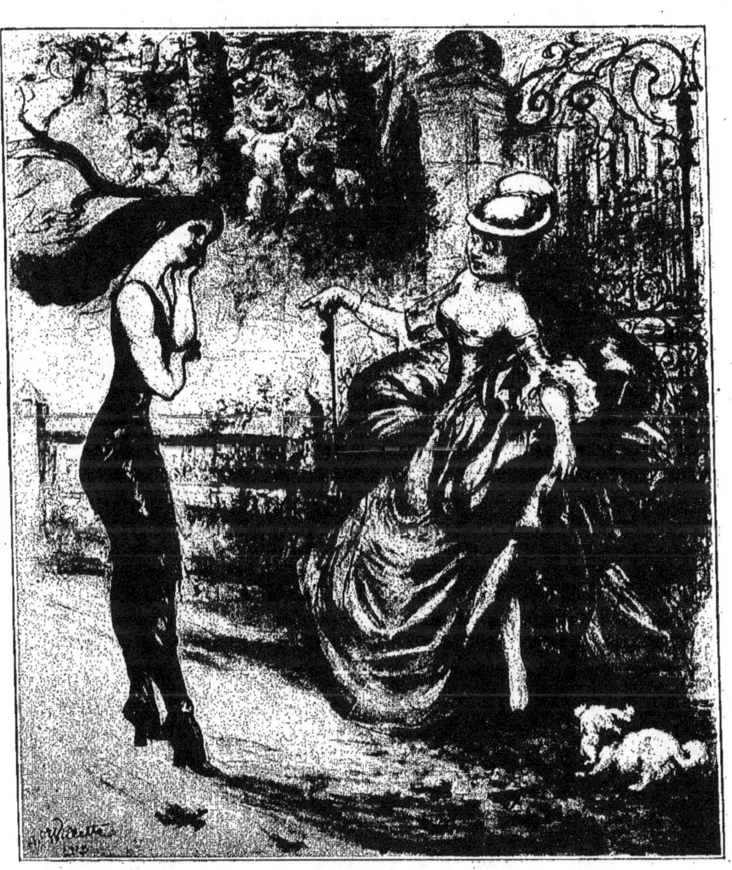

Nº 119. — *La Mode.*

119. **La Mode.**

> — *Très joli, ma chère!... mais comment ferais-tu pour...
> comme moi... cacher le chevalier ?*
>
> *Aquarelle.* — Haut., 1 m. 23; Larg., 99 cent.
> Signée à gauche et datée 1913.

120. *Esquisse de la décoration de l'Hôtel de Ville de Paris.*

> *Toile.* — Haut., 58 cent.; Larg., 1 m. 03.
> Non signée.

121. *Pierrot à la Rose.*

> *Dessin à la plume et au crayon.* — Haut., 20 cent.; Larg., 14 cent.
> Signé à droite.

122. **Projet d'affiche.** — *Le Charbonnier.*

> *Dessin au crayon bleu.* — Haut., 35 cent.; Larg., 40 cent.
> Signé à droite.

123. *Nu.*

> *Dessin au fusain.* — Haut., 49 cent.; Larg., 61 cent.
> Non signé.

124. *Nu.*

> *Sanguine.* — Haut., 53 cent.; Larg., 41 cent.
> Non signée.

125. *Madame Blévin, la bistrote de la rue Lacroix.*

> *Dessin au crayon bleu.* — Haut., 43 cent.; Larg., 39 cent.
> Signé à droite et daté 1919.

126. *Foin de l'esclavage et foin sous le nez.*

> *Dessin à la plume.* — Haut., 40 cent.; Larg., 51 cent.
> Signé à gauche et daté 1909.

127. *Phœbus.*

> *Dessin à la plume et crayon bleu.* — Haut., 26 cent.; Larg., 20 cent.
> Non signé.

128. **C'est le Printemps.**

> **L'aviateur.** — *Que de jambes à perte de vue et de...
> direction!*
>
> **Le garde-champêtre.** — *Quelle récolte de procès-verbaux.*
>
> *Dessin au crayon bleu.* — Haut., 28 cent.; Larg., 20 cent.
> Non signé.

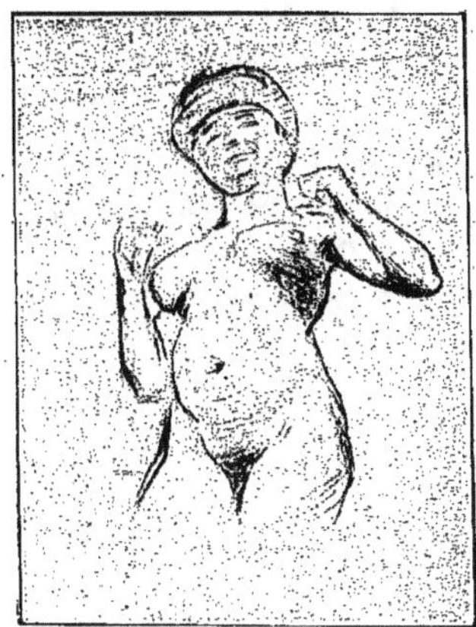

N° 124. — Nu.

129. *Nu et étude de jambe.*
> Dessin au crayon bleu. — Haut., 26 cent.; Larg., 16 cent. Non signé.

130. LES TROIS COULEURS (DANSES). — *Bleuet, coquelicot, bouton d'or.*
> Dessin à la plume et aquarelle. — Haut., 19 cent.; Larg., 29 cent.
> Signé à droite et daté 1911.

131. *Portrait de Poulbot (au verso, un autographe de A. Willette).*
> Dessin à la plume. — Haut., 32 cent.; Larg., 21 cent.
> Signé et daté : Juillet 1911.

132. *Peintres et Poètes dernière génération.*
> Dessin à la plume et aquarelle. — Haut., 16 cent.; Larg., 24 cent.
> Signé à droite.

133. *Uranie, muse de l'Astronomie.*
> Dessin à la plume et aquarelle. — Haut., 27 cent.; Larg., 15 cent.
> Signé à droite.

134. *Melpomène, muse de la Tragédie.*
> Dessin à la plume et aquarelle. — Haut., 21 cent.; Larg., 17 cent.
> Signé à droite et daté 1917.

135. *Egalité. — Fraternité.*
> Deux dessins sur la même feuille. — Haut., 20 cent.; Larg., 31 cent.
> Signés.

136. MODERNITÉ. — *Paris... Sport!... Complet des courses!*
> Dessin à la plume. — Haut., 28 cent.; Larg., 22 cent.
> Signé à droite et daté : 25 Avril 1925.

137. — *Papa, raconte-moi ce que tu as vu.*
Dessin à la plume et crayon bleu. — Haut., 22 cent.; Larg., 17 cent.
Signé à droite et daté 1916.

138. — *Ah, c'est long à le démolir!...*
— *Ben, fallait pas, pékin de mes f..... le laisser pendant 44 ans prendre racine chez nous!*
Dessin à la plume et crayon bleu. — Haut., 31 cent.; Larg., 20 cent.
Signé à droite.

139. *Nu.*
Sanguine. — Haut., 40 cent.; Larg., 49 cent.
Signée à droite du monogramme.

140. *Nu debout.*
Sanguine. — Haut., 66 cent.; Larg., 50 cent.
Signée à droite du monogramme.

141. *Nu au balai.*
Sanguine. — Haut., 66 cent.; Larg., 50 cent. Non signée.

142. — *Petit Noël, pour punir mes bourreaux, donnez à la France la victoire.*
Dessin à la plume, au lavis et au crayon de couleur.
Haut., 24 cent.; Larg., 19 cent. Signé à droite et daté 1917.

143. POUR SON PETIT NOBEL, A MONSIEUR THIBAULT.
LE DYABLE. — *Ah mon Dieu, je me rends si vous me débarrassez de ce maudit Pierrot!* (qui est Willette.)
Dessin à la plume et au lavis. — Haut., 31 cent.; Larg., 23 cent.
Signé à droite et daté 1882-1921.

144. *Nu de dos.*
Dessin au crayon bleu. — Haut., 25 cent.; Larg., 17 cent. Non signé.

145. *Croquis du programme pour l'Orphelinat des Restaurateurs-Limonadiers.*
Dessin à la plume et crayon bleu. — Haut., 24 cent.; Larg., 19 cent.
Non signé.

146. *Projet de programme pour l'Orphelinat des Agents.*
Dessin au crayon. — Haut., 21 cent.; Larg., 21 cent. Signé à droite.

147. — *J'ai promis la lune à mes électeurs, ah mais non, je la garde pour moi.*
Dessin à la plume et crayon bleu. — Haut., 21 cent.; Larg., 13 cent.
Non signé.

Moderne Imprimerie, 37, rue Gandon, Paris.

MODERNE IMPRIMERIE
37, rue Gandon, 37
PARIS